Passion
PIQUE-NIQUES

par Raphaële Marchal

118, avenue Achille-Peretti - CS 70024
92521 Neuilly Cedex

Passion PIQUE-NIQUES

par Raphaële Marchal

Idées, recettes, anecdotes...

Michel Lafon

La simple idée de pique-niquer

par Raphaële Marchal

Et s'il convenait d'abord de définir un périmètre du pique-nique ? Le pique-nique est-il nommé ainsi, dès lors que le déjeuner ne se passe pas à table ? Si pique-niquer c'est emporter, dans des boîtes et du papier, son casse-graine ailleurs que sur la table à manger, alors pique-nique-t-on, par définition, quand on casse la croûte par terre dans son salon ? Non. Enfin en principe oui, mais pour le bien de ce livre, non.

PIQUE-NIQUER C'EST LE VOYAGE AVANT LA DESTINATION.

Parce que pique-niquer, c'est une idée. C'est l'inconnu. C'est le voyage avant la destination. C'est trimballer son bonheur dans son sac à dos, et être heureux avant d'y être. C'est remplir son baluchon de gros délices dodus, avec malice et délectation, et ne savoir ni où on finira, ni dans quel ordre on boulottera. Peut-être même qu'en chemin, on les entamera, çà et là, les en-cas : un bon morceau de fromage (suintant, bien sûr, existe-t-il d'ailleurs meilleure température pour un fromage que celle à laquelle il se trouve après quelques heures au fond d'un sac, le soleil lui tapant sur le gras, le rendant ainsi luisant, moelleux, et d'autant plus salin ?) sur un passage à plat, un fruit juteux (ou explosé au fond du sac, entre compote et confiture, témoin moqueur d'un bout de chemin raide et rocailleux) sur la fin d'une montée, un morceau de brioche (elle en pleine forme, juste tiédie par les rayons, et légèrement aplatie par le poids du gueuleton, laissant de bon cœur ses alvéoles pour faire de la place à la densité, coquine, mêlée aux élans jaillissants de beurre, de lait, et de levure fraîche) dans une petite descente… en attendant l'endroit idéal. Le spot de rêve. Le petit coin unique. Cet endroit qui non seulement déborde de beauté, mais dispose aussi d'un sol suffisamment fourni en feuillage et en douillet-rembourré pour s'y vautrer, mais tombe aussi à l'heure idéale entre « il fait faim » et « on a fait plus de la moitié du chemin » (sot celui qui pique-nique trop tôt, et reprend sa rando repu à s'en faire péter la sous-ventrière, pour ce qui lui paraîtra une éternité !).

Et là, ce moment précis où on déballe le contenu du sac à dos (contenu auquel on pense depuis quatre collines déjà), mollets en feu et glandes salivaires en fête, il est précieux, fantasque et excitant. Il est parfait. Forcément, il est parfait. Parce qu'au-delà du cadre, de la vue, du compagnonnage, du ventre qui gargouille et de l'état de plénitude dans lequel on se trouve, ce qui va faire que ce bon pique-nique va devenir un grand pique-nique, c'est qu'il sera composé de la CRÈME DE LA CRÈME des provisions de la haute. Bref, un bon pique-nique, ça demande un paquet d'étoiles alignées dans le bon sens. Mais surtout, un bon pique-nique, c'est autre chose qu'un paquet de chips, un dwich au jambon et une tomate-mayo en tube.

UN BON PIQUE-NIQUE, C'EST AUTRE CHOSE QU'UN PAQUET DE CHIPS, UN DWICH AU JAMBON ET UNE TOMATE-MAYO EN TUBE.

Ce livre va couvrir, avec enthousiasme, précision, yeux-plus-gros-que-le-ventre, humour et passion, toutes les situations qui se prêtent (ou ne se prêtent pas du tout !), à se faire un bon gros pique-nique : une randonnée à pied, à vélo ou à ski, un voyage en train, en voiture ou en bateau, un après-midi champêtre au bord d'un lac, au cœur d'une forêt, ou au milieu d'un champ, une envie soudaine de pique-niquer au bureau, au tennis, ou que sais-je, à la maternité ? Tout est possible. Et à toute heure de la journée : le pique-nique petit déjeuner, le pique-nique déjeuner, le pique-nique goûter, le pique-nique apéro, le pique-nique dîner…

Alors à vos couteaux suisses, vos gourdes, vos tupperwares, vos envies de grand air et d'aventure, vos rêves et vos appétits : il est urgent de pique-niquer ! De manger n'importe où et en toutes circonstances, même (surtout ?) les plus contraires aux usages. De se taper de l'andouillette au sommet d'une montagne, des falafels sur un bateau, de la tarte au chèvre et au potimarron au bord d'un lac, du far breton aux pruneaux dans le train. De s'en mettre partout et de déborder de joie, à en oublier les faits, l'espace et le temps.

ALLEZ, À TABLE.
MAIS SANS TABLE !

Claire Bergé-Lefranc
et Marie Falcon de Longevialle :
Chicken Bacon Lettuce

Les deux fées derrière les recettes de ce livre, et ici-bas, leurs vies, et leurs appétits.

Côté Claire, la plus bavarde...

Sa boîte de traiteur et événementiel est une coïncidence totale, surtout que son parcours allait vers tous les chemins, sauf celui-là ! Après un master en droit des affaires à Assas, et un stage dans un immense cabinet, elle a finalement envie, voire besoin, de se réorienter. Pendant ses études, elle bossait chez Da Rosa, le temple du jambon, rue de Seine, et se dit que c'est par-là qu'il faut qu'elle aille. Elle enchaîne, sans plan défini, mais avec appétence, tout un tas d'expériences : 3 mois à New York, à jongler entre missions événementielles, fêtes et barbecues, puis Christian Constant, puis le Chateaubriand, et puis Londres : « Je voulais bosser au Connaught, à l'accueil, mais mon anglais était tellement mauvais qu'ils m'ont proposé de faire les chambres, je leur ai répondu que je faisais déjà pas mon propre lit... », mais elle reste quand même un an à Londres, à faire des gâteaux dans un café, et surtout, à perfectionner son anglais.

De retour à Paris, elle va cuisiner à L'Office, de Charles Compagnon, puis entre au Fooding, en tant que chef de projets événementiels. Pendant 3 mois, elle y fait le relais entre les événements et les chefs, sur la partie production et logistique. Et son binôme, enfin, sa boss, c'est... Marie ! Qui deviendra, un an plus tard, son associée chez Chicken Bacon Lettuce. Mais on n'en est pas encore là.

Sa mission au Fooding s'arrête là, et Claire se dit « bon, j'ai un statut d'autoentrepreneur, je fais quoi ? ». Par hasard, l'une de ses amies qui travaille pour une boîte de production de défilés de mode a besoin d'un « catering » et se fait jeter à la figure les devis hors de prix des traiteurs classiques qu'elle propose. Elle demande à Claire de la sauver, et c'est comme ça que tout a démarré. « J'ai dépensé tout le budget qu'elle m'a donné dans la bouffe, il me restait rien mais je voulais assurer, et c'était cool ! » Le jour J, elle n'avait évidemment pas de cartes de visite, elle donne son numéro à plein de gens de la mode, et les jours qui ont suivi, en pleine fashion week, le téléphone n'a pas arrêté de sonner. Elle enchaine les buffets, nuit et jour, cuisine chez elle faute de labo, un vrai tourbillon mais après tout, c'est ce qui l'a lancée, en 2013 !

« Si je devais emporter un truc, un seul, sur une île déserte, ce serait un sandwich, clairement. »

Elle trouve finalement un labo, dans le 12e, qui est toujours le sien aujourd'hui, et pendant un an elle gère toute seule son traiteur, travaille d'arrache-pied. Et passe ses toutes petites heures de liberté à faire du Pilates avec Marie, et bien sûr, à boire des bières après. Pilates-bières, elles l'appellent. « Je me disais, y'a un truc à faire ensemble, mais en même temps elle a l'air bien dans son job, faut que j'arrive à la convaincre. » Et puis, assez rapidement, Marie a dit banco ! À l'arrivée de Marie, Claire lui demande tout de suite si elle veut renommer l'entreprise, parce que le nom Chicken Bacon Lettuce, « CBL », vient au départ des initiales de Claire Berger-Lefranc, et incarne à merveille l'esprit de la maison : des trucs simples, mais super bon, bien loin des pièces cocktails minuscules, figées et infusées au goût de frigo… Et puis le sandwich, ça parle à tout le monde, c'est à la fois street et palace, et c'est un mot anglais, idéal. Marie dit non, ce nom est très bien comme ça, on le garde.

L'aventure va crescendo, partant d'un bureau de garagiste, à cuisiner dans un mini labo et à livrer avec la vieille Polo 96 grise de la belle-mère, jusqu'à l'embauche d'une chef, et de 12 autres salariés, dans un labo à leur nom, et une affaire qui roule. Chicken Bacon Lettuce n'est pas vraiment un traiteur, c'est une sorte de restaurant itinérant, sans carte fixe, ni style arrêté : « Moi ce que j'aime, c'est rencontrer des gens qui adorent le camembert rôti de leur mère ou le bœuf bourguignon de leur père, des gens qui ont des vraies lubies alimentaires, et réussir à les satisfaire avec ma cuisine, ne rien leur imposer mais faire selon eux, que ce soit pour un grand défilé de mode ou un couple de jeunes mariés. »

**« Je suis une grosse flemmarde.
Une flemmarde très très travailleuse, certes,
mais une grosse flemmarde quand même. »**

Ce qu'elle aime, c'est les recettes super faciles à faire, trop bonnes, « ultimes » comme elle dit toujours. Résultat, dans les assiettes de ce « traiteur qui en a dans le buffet », des grosses bouchées gourmandes, simples, mais ultimes. Tant que Claire n'a pas la recette parfaite, elle recommence, et recommence, et recommence, jusqu'à ce qu'elle puisse se dire, avec certitude, « là c'est bon, je suis au max de cette recette ». Et elle insiste : « Je suis cinglée, j'ai des lubies, et tant que j'arrive pas à la recette parfaite, je continue. Par exemple la semaine dernière j'ai fait 12 crumbles aux pommes, la semaine d'avant autant de blanquettes, celle d'avant de bourguignons et de petits salés, et ainsi de suite… C'est mon côté feignasse : je travaille comme une dingue, pour à la fin obtenir la recette qui est à la fois la meilleure, et celle qui me demandera le moins de travail possible. Parce que je suis une feignasse, voilà. »

Ses recettes préférées : le sandwich chicken bacon lettuce bien sûr, les tartes salées, déclinables à l'infini, le cookie ultime…

Côté Marie, la fonceuse

Elle a toujours voulu être chef de cuisine, mais surtout, avoir sa propre entreprise, un objectif qu'elle s'est fixé jeune, et n'a jamais lâché. Après de nombreuses expériences, un peu partout, Megève, Bruxelles, Bali…, elle fait un master en management des entreprises, puis du conseil en marketing chez Bento, un cabinet de tendances en restauration. Elle essaie de monter un restaurant, le projet échoue, et elle intègre l'équipe du Fooding, où elle reste plus de 3 ans, en tant que chef de projets des événements France, et croise la route de… Claire, pendant 3 petits mois. « On était très complémentaires, et quand elle m'a proposé qu'on s'associe, je l'ai suivie, je voulais être indépendante, et avoir une boîte dans l'univers de la food, qui me passionne évidemment ! »
La cuisine de cœur de Chicken Bacon Lettuce a tout de suite fait écho aux valeurs de Marie, enthousiaste née et toujours en recherche de renouvellement. « Je crois que c'est le secret de cette boîte, on n'a jamais le temps de se lasser des projets parce qu'on se renouvelle en permanence, et c'est ça, le plus important : cultiver l'enthousiasme, le nourrir, anticiper quand quelquechose nous botte moins et voir la suite. Et ça se ressent je crois, à la fois dans notre façon d'être au travail, et surtout, dans les goûts de nos recettes. »
Ses recettes préférées ? Le sandwich chicken bacon lettuce, et les cookies, bien sûr. « Mais en fait j'aime tout, et c'est ce qui me fait kiffer. »

CANTILLON

Sommaire

1

Des bonheurs à emporter

Ici, le pique-nique est emporté pour un voyage, en alternative au sandwich en gare, au wrap sur le ferry, au paquet de chips dans la voiture… il est le pique-nique « pause », pas en pleine nature certes, mais si bien qu'il va vous réconcilier avec les aires d'autoroute.

Pique-nique dans le train

Probablement l'un de mes préférés, il rend le voyage encore plus intéressant que la destination. Et il fait démarrer l'excitation un peu plus tôt. La veille, en faisant quelques courses, en cuisinant, en assemblant dans les boîtes, en trimbalant son bonheur dans sa valise, à ressortir au bon moment, en étalant tout sur les tablettes du train, quitte à s'étaler un peu sur le siège du voisin, à en oublier presque qu'au départ, on avait juste envie d'aller quelque part. Alors je pourrais vous dire d'éviter le bleu de Termignon, les œufs mollets, les yaourts fermiers et les clémentines bien odorantes pour ne pas embarrasser les voisins de vos effluves merveilleux pendant qu'eux, pantois, se consolent dans leur croque-vieux-monsieur, avachis dans leur manque cruel d'imagination… mais non. BONNE NOUVELLE : dans le train, il fait frais, donc pas de risque de coup de chaud sur les bulots. Emmenez ce qui vous plaît.

UN BON PIQUE-NIQUE, C'EST UN PIQUE-NIQUE LIBRE !

J'ai des souvenirs déments de pique-niques totalement irréfléchis et pourtant absolument réussis dans le TGV, ou le TER ou l'Intercité ou le Transilien, où tête de veau, pâté de tête, rillettes d'oie, houmous et tarama, vin pétillant, gueuzes et miches ont cohabité joyeusement, avec équilibre et verticalité (elle-même souvent contrariée par les virages non anticipés). Toupet bien sûr et paradoxalement pudeur, le pique-nique abondant étant – dans la majeure partie des cas – compensé par l'attitude particulièrement discrète de ceux qui le pratiquent. Comme s'il fallait se faire tout petit, le pantagruélique banquet (géographiquement délocalisé) étant déjà tellement obviousement présent.

J'EN PROFITE POUR VOUS CONFIRMER QUE OUI, LE MOT GUEUZE EST ACCEPTABLE AU SCRABBLE. LE MOT OBVIOUSEMENT EN REVANCHE, NON. SAUF AU QUÉBEC.

MAISON VEROT
CHARCUTIER DEPUIS 1930
PARIS

Pour un pique-nique dans le train :

- Une belle **salade de riz noir** avec feta, grenade, herbes fraîches, vinaigrette au miel et à la sauce soja
- 8 œufs mollets avec un petit morceau de poutargue, un accord merveilleux
- Une belle boîte de **légumes crus** de saison :
  - ❄ Des radis multicolores, des mini-navets, des carottes, du chou-fleur, des endives…
  - ☀ Des tomates, du concombre, des asperges, du fenouil, des courgettes
- Quelques petits pots de bons « tartinables » : anchoïade, tapenade, houmous…
- Une belle **quiche aux légumes** de saison :
  - ❄ À la courge, au bleu et aux graines de courge
  - ☀ Aux petits pois, menthe et chèvre frais
- Un **clafoutis** :
  - ❄ Aux poires
  - ☀ Aux cerises
- Un beau morceau de pain (à la farine de maïs, ou de châtaigne, ou de seigle…)
- Quelques **fruits frais** :
  - ❄ Des agrumes et des pommes
  - ☀ Du melon, des nectarines, des cerises
- Et surtout surtout, des gourdes pleines d'eau fraîche ! Et puis bien sûr, votre bouteille préférée…

SACHANT QU'IL Y A TOUJOURS TROP, CE QUI N'EST PAS DÉVORÉ AUSSITÔT IRA TRÈS BIEN POUR L'APÉRO.

❄ Temps froid ☀ Temps chaud

Jill Cousin

Cuisinière de cœur et de bon sens, entre autres

« À chacune de mes vacances, il y a minimum deux pique-niques : un à l'aller et un au retour. »

À l'aller, c'est une composition de toutes les bonnes choses qu'elle a trouvées dans sa ville, à Marseille, et au retour, de tout ce qu'elle a déniché chez les producteurs et épiciers du coin… Mais pendant ses vacances, il y en a beaucoup aussi, tout comme au quotidien d'ailleurs. Habitant en bord de mer, dès qu'il y a un rayon de soleil, elle emballe tout et file sur la plage. « Parfois même, je prépare tout un pique-nique en prévision du beau temps, et pile au moment où je pars, il pleut. Eh bah tant pis ! je ressors tout, on s'assoit par terre et on pique-nique au milieu du salon ! »

Dans les pique-niques de Jill il y a TOUJOURS des œufs mayo, sa passion, il n'y a JAMAIS de sandwich, pourtant elle aime ça, les sandwichs, mais c'est comme ça. Il y a plutôt du pain et du fromage, il y a souvent une bouteille de vin nature aussi, et un taboulé de quinoa, feta, graines et herbes, et plein de choses attrapées en chemin sur les marchés locaux. Côté dessert, il y a toujours un gâteau qui traîne chez elle, parti d'une base de recettes qu'elle aura adaptée selon la saison. Par exemple, un gâteau au yaourt, l'universel, qu'elle va faire aux pommes l'hiver, aux framboises l'été, à la bergamote entre deux saisons… ou un cake aux agrumes, selon ce qu'elle trouve. « Mon petit snobisme, c'est que j'emporte souvent avec moi les céramiques de mon amie Judith Lasry, pour que ce soit plus joli. » Ce qu'elle aime dans le pique-nique, c'est la liberté, c'est pouvoir manger tout ce qu'on veut, dans n'importe quel ordre, à n'importe quelle heure, dehors, dans la crique de Maldormé, au bord de l'eau, y passer la journée, et ne plus penser à rien… La joie quoi.

Pique-nique sur un bateau

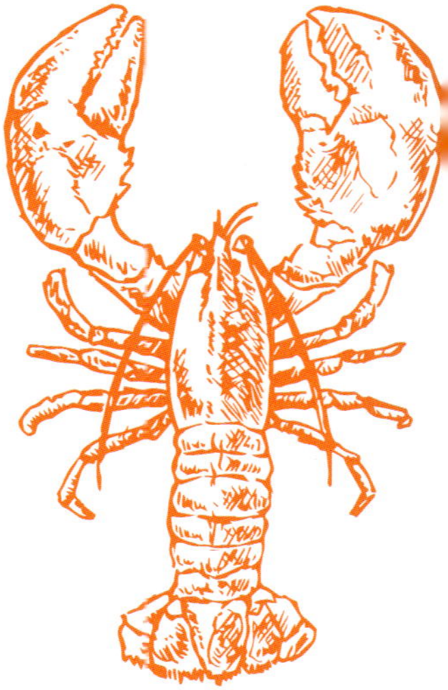

Difficile de trouver meilleure sensation que celle, après quelques heures en mer, une bonne baignade autour du bateau et une remontée à bord, pleine de sel et de soleil, affamée comme jamais, que celle de s'envoyer un bon gros pique-nique sur un bateau qui tangue. Et là, on sort la glacière, et tout est possible : tartare de crustacés, belle terrine, gaspacho glacé, salade de pâtes, citronnade fraîche, carpaccio de fruits…

MAIS LÀ QUAND-MÊME, UNE ANECDOTE S'IMPOSE :

Un beau jour, après moult pique-niques sur des bateaux mi-voile mi-moteur, à manger des farfalles au parmesan, des sandwichs au Serrano, des tomates et des petits gâteaux, je me suis retrouvée au milieu… d'une autre définition du pique-nique sur un bateau. Je suis partie sur un bateau de pêche à la coquille Saint-Jacques, avec Emmanuelle Marie, grande pique-niqueuse, et les pêcheurs à la drague. Quatorze heures en mer, entre houle, chavirages, déhanchés involontaires, excès de Saint-Jacques crues et surtout, excès de comprimés de « mer calme ».

Trop de comprimés plus tard, je me retrouve assommée, dehors sous la tempête, allongée de tout mon long dans les bacs à coquilles, avec les matelots qui tentent sans grand succès de me réveiller, en me disant « y'a Manu qui vous cherche ». Un œil encore dans le coltard, l'autre déjà bloqué sur les coquilles juste pêchées, j'en avale une énième à même le mollusque et entends au loin ma phrase préférée, bien qu'un peu étouffée par les vents agités : « ALLEZ, TOUT LE MONDE À TABLE ! » Je redescends tant bien que mal les marches pour arriver sur ces fameuses tables si fascinantes qu'on ne trouve que dans les bateaux : pliables et complètement parées à toutes les marées, à base de on-pourrait-se-retourner-que-rien-ne-bougerait et là, j'assiste à un spectacle que je n'aurais jamais cru s'il m'avait été conté sans le voir : un étalage impudique et pantagruélique de homard dépiauté dans des tupperwares surdimensionnés, du saumon fumé d'Isigny, des Saint-Jacques… et un rouleau de papier toilette rose.

Vu comme ça, on se dit que le plus choquant dans cette histoire, c'est la cohabitation lunaire et presque coloniale des crustacés dorés dans leur luxe supérieur naturel, et ce rouleau de papier si vulgaire ? Eh bien non. Le plus choquant, c'est que sur huit matelots, Manu et moi, j'étais la seule à lorgner le homard tel un acarien devant le salon de la moquette qui s'apprête à ouvrir… « Ah nan ! du homard merci bien, on en a assez vu, on va se faire de l'osso bucco en boîte et de la purée déshydratée lyophilisée à l'eau, t'en veux ? » La fête. C'était la fête. J'ai enchaîné, sans foi ni loi, des pinces et du ventre de homard, des coquilles crues, des bulots, du saumon juste parfaitement légèrement subtilement fumé, heureuse et repue, mon rouleau autour du cou, le bateau qui tanguait, le « mer calme » qui continuait à agir et les échos de Manu à ma droite qui me disait : « Calme-toi Marchal, tu vas être malade ! »

MAIS ÇA VALAIT TELLEMENT LE COUP !

Sur un bateau, quel que soit le modèle, le lieu, la météo, une idée de pique-nique idéal :

- Une belle **salade de pâtes** à l'ail, citron, pignons torréfiés et basilic frais
- Une soupe dans une gourde isotherme :
  - Un **gaspacho** maison tomate et concombre
  - Une soupe au butternut et châtaignes
- Des petites brioches fourrées au bœuf carotte, dorées au jaune d'œuf et au romarin
- Des **crudités de saison**, avec évidemment des petits pots de tartinable : houmous, anchoïade, tapenade…
- Un cake au chocolat et à la poire
- Des fruits de saison

Temps froid Temps chaud

Emmanuelle Marie

Sélectionneuse de petite pêche, grande amoureuse de la belle vie

Il est essentiel, ici, de retourner page 26, et de vous plonger dans l'anecdote la plus instable et loufoque, et néanmoins très gloutonne, de ma vie, pour comprendre un peu mieux le quotidien d'Emmanuelle Marie.

Voilà chose faite, je reprends.
Emmanuelle Marie n'est pas pêcheuse à proprement parler, elle est sélectionneuse et plus précisément intermédiaire entre les pêcheurs (homards, coquilles Saint-Jacques, bulots, araignées de mer, coques, huîtres, moussettes...) et les chefs, mais aussi livreuse de bonne pêche aux particuliers, directement des bateaux... à nos assiettes. Elle est aussi complètement joyeuse et excessivement drôle et improvise, en permanence et sans même s'en rendre compte, des casse-croûte absolument partout, à toute heure, parce que pas-le-temps-de-s'arrêter et parce que c'est quand même trop bien. Au volant pour faire Granville-Paris tous les vendredis, sur les bateaux des pêcheurs avec qui elle part toutes les semaines en mer, sur un coin de plage quand elle a un quart de seconde pour s'y asseoir, en plein parc à huîtres avec un coup de blanc et une saucisse grillée, dans une rue la nuit en plein Paris au cul de son camion entre deux livraisons... Emmanuelle est une pique-niqueuse spontanée, sans anticipation, mais pleine de passion.

RALEBOL

Pique-nique en voiture

On se dit toujours qu'on fera un pique-nique et au moment de partir, entre les valises et la boulangerie fermée et le retard déjà accumulé, on se dit, alors que, soyons honnête, ça n'arrive jamais, qu'on trouvera bien un truc correct à béqueter sur l'autoroute. Euh… non. Gagnons du temps ! Alors oui, ça s'anticipe un peu, mais OH LA JOIE ! Quand il sera temps de faire une pause, entre ventre qui gargouille et léger inconfort intestinal après les routes qui zigzaguent, de sortir de la voiture (ou même de pique-niquer en roulant, chacun son tour sur le siège passager) et de trouver n'importe quel carré d'herbe pour s'offrir un quart d'heure américain bien glouton, avant de repartir.

ET ELLES ONT LEUR CHARME, LES AIRES DE REPOS, QUAND LE PANIER EST BIEN PLEIN. LÀ ENCORE, TOUT EST POSSIBLE.

Par exemple, en voiture :

- Une jolie boîte de sardines à l'huile, avec du pain au levain et du beurre salé
- Un bon poulet rôti froid avec de la moutarde à l'ancienne
  - ☀ Une **salade de tomates**, pêches jaunes, mozzarella, basilic, amandes fraîches et huile d'olive
  - ❄ Une salade d'endives, poires, noix et roquefort
- Des **pancakes aux poireaux**, avec sauce au yaourt et herbes fraîches
- Un bon pain aux pistaches, cranberries et abricots secs
- Un bon camembert, et un chèvre cendré
  - ☀ Des abricots au four, juste rôtis, avec une belle cuillère de granola miel et graines
  - ❄ Des **pommes au four**, juste rôties et fripées, avec une belle cuillère de riz au lait
- Des gourdes d'eau fraîche !

❄ Temps froid ☀ Temps chaud

Fleur Godart

Chasseuse de vins vivants, de poulets bien dodus, d'œufs mirifiques et de légumes tout propres

Fleur court partout et n'a que peu le temps de s'attabler. Si elle pique-nique, c'est autant par plaisir que par nécessité. Un voyage en train, une halte sur l'autoroute, une escale dans un bois, une ouverture de deux minutes de temps libre, une fesse nonchalamment posée sur son scooter, et BOUM ! elle dégaine un bon gros morceau de pain et de fromage, parfois même de tête de veau ou de poulet froid, et elle casse la croûte avant de repartir, qu'il vente, qu'il neige ou qu'il grêle, sur son deux-roues, sac à dos rempli à ras bord de purs jus fabuleux. Et toujours toujours, grand sourire aux lèvres et petite blague décalée parfaitement bien placée. Fleur a de l'esprit, elle est belle, grande et libre, et donne aux pique-niques des airs d'émancipation heureuse, d'abandon joyeux et d'affranchissements délicieux.

Son pique-nique à la maternité, uniquement sucré, sa lubie à ce moment-là, avec bien sûr un verre de vin et… un thé. Du Fleur tout craché ! Et un autre pique-nique de Fleur, enceinte et heureuse, avec du pain, du fromage et du vin. Et vive la vie !

RECETTE CBL

Sandwich CBL

1 | 15 min | 10 min

Ingrédients

- 1 escalope de poulet (à chair jaune de préférence)
- 1 demi-baguette
- 1 sucrine

Sauce raifort

- 50 g de Philadelphia
- 1 botte de ciboulette
- 1 c. à c. de raifort
- le jus d'un citron

Chapelure

- 3 c. à s. de poudre de paprika fumé
- 5 tranches de pain de campagne rassis
- 100 g de parmesan râpé
- farine
- 1 jaune d'œuf

1. Lavez et égouttez la ciboulette ainsi que les feuilles de sucrine. Ciselez finement la ciboulette. Mélangez-la au Philadelphia avec le raifort, le jus de citron. Salez, poivrez.

2. Préparez la chapelure : faites griller au four les tranches de pain de campagne rassis et réduisez-les en poudre dans un mixeur. Ajoutez le paprika fumé et le parmesan râpé. Vous aurez bien sûr trop de chapelure, mais vous pourrez l'utiliser pour une autre recette. Il est toujours mieux de faire sa chapelure maison.

3. Panez le poulet avec la technique dite de la panure à l'anglaise : on trempe l'escalope dans la farine, puis dans le jaune d'œuf, puis à nouveau dans la chapelure. Celle-ci doit bien recouvrir l'escalope.

4. Dans une poêle, faites chauffer du beurre avec un peu d'huile de tournesol (cela évite que le beurre noircisse) et faites cuire l'escalope panée. Tout d'abord à feu vif des deux côtés pour que la chapelure prenne une jolie coloration, puis à feu doux pour finir la cuisson du poulet sans l'assécher.

5. Garnissez le sandwich : coupez la baguette en deux dans le sens de la longueur, étalez la sauce raifort-ciboulette, puis déposez des lamelles d'escalope et, enfin, les feuilles de sucrine.

Maki de quinoa aux légumes

10 makis · 30 min · 15 min · 20 min

Ingrédients

- 100 g de quinoa
- 210 ml d'eau
- 2 c. à s. de sauce soja
- 1 c. à s. de sirop d'érable
- le jus de ½ citron jaune
- 3 carottes
- 1 concombre
- 1 avocat
- 10 feuilles de nori
- ½ c. à c. de sel

Mayonnaise

- 1 jaune d'œuf
- 1 c. à s. de moutarde
- 20 cl d'huile de tournesol
- 2 ou 3 gouttes de jus de citron
- sel, poivre
- 1 c. à s. de sauce shirasha

1. Sortez les ingrédients pour la mayonnaise à température ambiante.

2. Lavez le quinoa deux fois pour éliminer la saponine qui enveloppe les graines et donne un goût amer à cette céréale. Égouttez-le soigneusement. Portez l'eau à ébullition après l'avoir salée. Quand elle bout, versez le quinoa, attendez que l'eau bouille à nouveau, couvrez et laissez cuire 10 minutes à feu moyen. Retirez la casserole du feu. Gardez le quinoa à couvert 20 minutes environ.

3. Mixez le quinoa avec le soja et le sirop d'érable afin d'obtenir une pâte.

4. Préparez la mayonnaise. Mélangez le jaune d'œuf, la moutarde, le citron. Salez légèrement, poivrez. Fouettez le mélange en versant lentement l'huile de tournesol jusqu'à ce que la mayonnaise soit ferme. Une fois qu'elle est montée, ajoutez la sauce shirasha.

5. Coupez le concombre en julienne, détaillez l'avocat en fines lamelles et râpez les carottes. Arrosez de jus de citron. Mélangez soigneusement les carottes et la mayonnaise shirasha.

6. Étalez une feuille de cellophane sur le plan de travail et humidifiez vos mains. Étalez dessus les feuilles de nori. Déposez une bande de quinoa de 5 mm d'épaisseur environ sur chaque feuille en laissant un espace de 1 cm en haut pour pouvoir refermer aisément le rouleau. Placez dans le sens de la largeur les carottes assaisonnées, le concombre et l'avocat. Enroulez l'algue en vous aidant du cellophane. Humidifiez la bande laissée libre pour une fermeture plus facile.

7. Renouvelez l'opération jusqu'à épuisement des ingrédients. Conservez les makis au frais.

8. Avant de servir, découpez les rouleaux en tronçons de 2 à 3 cm.

-Chicken -Bacon -Lettuce

Babka aux herbes et au chèvre frais

6 · 25 min · 2 h 10 min · 30/40 min

Ingrédients

- 520 g de farine T65
- 300 g de fromage de chèvre frais
- 40 g d'herbes fraîches (persil plat, basilic, menthe, ciboulette…)
- 2 c. à c. de levure sèche
- 320 ml d'eau tiède
- 2 c. à s. d'huile d'olive
- 1 c. à c. de sel

1. Dans un bol, mélangez la levure et l'eau, remuez soigneusement pour dissoudre. Laissez reposer 10 minutes, jusqu'à ce qu'une fine couche mousseuse se forme à la surface. Si cette couche mousseuse n'apparaît pas, c'est peut-être que votre levure est trop vieille.

2. Mettez la farine, le sel et l'huile d'olive dans le bol d'un robot équipé d'un crochet à pâte. Ajoutez le mélange levure-eau et pétrissez à vitesse moyenne pendant 5 minutes, jusqu'à ce que la pâte soit lisse et se décolle des parois. Mais vous pouvez également pétrir la pâte à la main sur votre plan de travail pendant 8 à 10 minutes

3. Couvrez avec un torchon et laissez la pâte lever à température ambiante pendant 1 h 30 à 2 heures, jusqu'à ce qu'elle ait doublé de volume.

4. Dans un bol, écrasez à la fourchette le fromage de chèvre et les herbes hachées.

5. Posez la pâte sur votre plan de travail légèrement fariné. Étirez-la à la main pour former un carré approximatif de 40 cm de côté. Étalez le fromage aux herbes sur toute la surface en laissant une marge de 5 cm sur le côté gauche.

6. Roulez la pâte en la serrant bien et en partant du côté droit. Posez ce rouleau sur une plaque ou un plateau et glissez-le au congélateur 10 à 15 minutes pour le raffermir.

7. À l'aide d'un couteau bien aiguisé, coupez le rouleau en deux dans le sens de la longueur pour obtenir deux longues cordes.

8. Pincez les cordes ensemble à une extrémité pour les souder, puis tressez-les ensemble en les faisant passer l'une sous l'autre en alternant et en gardant toujours les côtés « ouverts » vers le haut. Transférez la pâte tressée dans un moule à cake chemisé de papier sulfurisé. Laissez reposer 30 minutes.

9. Préchauffez votre four à 200 °C (th. 6-7). Faites cuire la babka 35 à 40 minutes, jusqu'à ce qu'elle soit gonflée et dorée.

10. Sortez la babka du moule en soulevant le papier sulfurisé et laissez refroidir sur une grille. Puis badigeonnez-la au pinceau avec un peu d'huile d'olive pour lui donner du brillant.

Brioches fourrées

14 brioches | 25 min | 40 min | 20 min

Ingrédients

- 500 g de farine T55
- 6 c. à s. d'huile d'olive
- 1 c. à s. de sucre
- 1 c. à c. de sel
- 1 c. à c. de levure boulangère
- 220 ml d'eau

Garniture

- 400 g de bœuf haché ou un reste de viande en sauce
- 2 gros oignons
- 1 c. à s. de persil ciselé
- 4 carottes
- huile d'olive
- 1 pincée d'épices (paprika, cumin, coriandre en poudre)
- sel, poivre du moulin

Décoration

- 1 œuf pour la dorure
- 10 cl de lait
- 1 poignée de graines de sésame

1. Faites chauffer l'eau dans une casserole pour l'utiliser tiède. Émincez les oignons ; lavez, égouttez et ciselez le persil ; râpez les carottes. Dans un saladier, versez la farine, le sucre, le sel, l'huile, l'eau tiède et la levure. Mélangez pour former une pâte et pétrissez-la jusqu'à ce qu'elle soit homogène et lisse.

2. Couvrez la pâte d'un linge propre et mettez-la à lever pendant 30 à 40 minutes. Préparez la garniture : dans un saladier, versez la viande hachée, le persil, les épices. Salez et poivrez. Mélangez soigneusement et faites des boulettes que vous aplatirez.

3. Faites chauffer une poêle avec un peu d'huile d'olive et faites-y revenir les oignons émincés jusqu'à ce qu'ils soient translucides. Ajoutez les palets de viande et faites-les cuire 3 minutes de chaque côté. Retirez-les du feu et réservez-les. Dans la même poêle, faites revenir quelques minutes les carottes en ajoutant un peu d'huile d'olive. Salez, poivrez.

4. Façonnez la brioche : divisez la pâte en 14 boules que vous aplatirez. Au centre de chacune d'elles, déposez un peu d'oignon, de carotte et un palet de viande, refermez la pâte autour de cette garniture et aplatissez légèrement pour obtenir un pain rond.

4. Disposez les petits pains sur la plaque du four, en cercle les uns à côté des autres en évitant qu'ils se touchent. Préparez une dorure à base de jaune d'œuf et d'un peu de lait. Saupoudrez de graines de sésame et enfournez dans un four préchauffé à 200 °C (th. 7) jusqu'à ce que la brioche soit dorée.

-Chicken -Bacon -Lettuce

Chaussons au brocoli et au comté

10 chaussons | 20 min | 30 min | 17/20 min

Ingrédients

Pâte

- 250 g de farine
- 50 g de beurre bien froid
- 1 œuf
- 10 cl d'eau tiède
- 1 c. à c. de sel
- 1 jaune d'œuf pour la dorure

Sauce Mornay au comté

- 25 g de farine
- 50 g de beurre
- 40 cl de lait
- 50 g de comté râpé
- sel, poivre du moulin
- muscade
- 1 brocoli
- 1 poignée de noisettes concassées

1. Dans une casserole, faites fondre 25 g de beurre à feu doux.

2. Ajoutez la farine en pluie tout en remuant avec une cuillère en bois sans laisser brunir. Versez ensuite le lait, progressivement et hors du feu, en remuant sans arrêt. Laissez épaissir la sauce. Salez et poivrez et ajoutez une pointe de muscade.

3. En fin de cuisson, incorporez le comté et le reste de beurre froid coupés en morceaux.

4. Faites blanchir les sommités de brocoli dans l'eau bouillante pendant 2 minutes, puis refroidissez-les aussitôt dans une eau glacée pour stopper la cuisson et garder la couleur verte.

5. Farinez le plan de travail, pétrissez la pâte, abaissez-la de 4 millimètres. Faites dix ronds à l'emporte-pièce.

6. Disposez la farce sur chaque moitié des ronds de pâte : la sauce Mornay, le brocoli et quelques noisettes concassées. Mouillez les bords, repliez et soudez afin d'obtenir des chaussons.

7. Badigeonnez-les avec un jaune d'œuf battu dans un peu d'eau pour la dorure. Enfournez-les à 180 °C (th. 6) pendant 10 à 15 minutes.

- Chicken
- Bacon
- Lettuce

RECETTE CBL

Clafoutis

8 · 15 min · 30 min

Ingrédients

- 600 g de cerises
- 40 g de beurre demi-sel
+ 20 g pour le moule
- 4 œufs
- 20 cl de lait
- 100 g de farine T55
- 60 g de sucre en poudre
- 1 gousse de vanille bourbon
- 1 pincée de sel
- sucre glace

1. Préchauffez le four à 210 °C (th. 7).
Lavez rapidement les cerises sous un filet d'eau fraîche, équeutez-les et égouttez-les. Personnellement j'enlève les noyaux, mais la recette traditionnelle veut qu'on les laisse, c'est à vous de voir…

2. Faites fondre les 40 g de beurre dans une petite casserole à fond épais. Mélangez dans un saladier la farine, le sucre, le sel et les grains de vanille. Incorporez les œufs un par un, puis le lait petit à petit en continuant de mélanger. Ajoutez le beurre fondu. Beurrez grassement le moule (ou les moules individuelles), rangez-y les cerises, puis versez la pâte.

3. Mettez au four pendant 10 minutes à 210 °C, puis baissez à 180 °C (th. 6) et cuisez encore 20 minutes.

4. Servez le clafoutis froid ou tiède, saupoudré de sucre glace.

Chicken Bacon Lettuce

2

Y'a du pique-nique dans le grand air

Lui, c'est le pique-nique à l'aventure, qui arrivera en plein milieu d'une rando, à pied ou en vélo, à la montagne, et qui sera tant apprécié après des heures à se brûler les cuisses... C'est mon préféré !

Pique-nique sac à dos, en randonnée

La vérité, c'est que le « vrai pique-nique », pour moi, c'est celui-là. Celui qu'on a commencé à préparer la veille, qu'on a réparti dans des belles gamelles le matin même, qu'on a complété en chemin par du pain frais et un beau saucisson, une brioche et du fromage, des fruits et un gâteau, jusqu'à ce qu'il n'y ait plus de quoi loger une seule amande dans le sac. Et on part, à pied, en randonnée, sans savoir exactement dans quelle direction, ni pour combien de temps, ni dans quelles conditions, mais avec une certitude : À UN MOMENT DONNÉ, ON VA SE RÉGALER !

Et elle est jouissive, cette attente, il rend vivant, ce flou temporel, et il faut la cultiver, cette impatience, la bichonner, l'arroser, la nourrir, parce qu'il est là, dans l'empressement, le bonheur qui vous attend. « Allez, prochaine montée et on s'arrête pour pique-niquer », « oh non, on va plutôt attendre la prochaine vallée », « on va jusqu'à la grange, après les montagnes, et on s'arrête », et puis finalement… « c'est magnifique ici, non ? Allez, on déballe tout ». L'idéal : pique-niquer aux deux tiers, voire aux trois quarts de la marche. Le pique-nique a le bonheur facile, à condition d'annoncer non seulement le festin, mais aussi la quasi fin du chemin.

Picture

Rando au Pays basque

L'un de mes meilleurs souvenirs, et pourtant c'était mal parti, remonte à quelques années, au pays basque, côté espagnol. Mon père, qui a plus vite fait de s'étouffer avec son oreiller qu'avec sa modestie, était une fois de plus sûr de lui. Après deux petites heures de marche, on tombe sur une vue absolument splendide, il propose qu'on pique-nique là, puisque derrière, « IL RESTE TROIS FOIS RIEN ». Le pique-nique était plutôt frugal ce jour-là, on partait (initialement) pour une petite balade, alors une belle salade, un œuf et un morceau de pain suffiraient… D'autant qu'on avait prévu un pantagruélique dîner : andouille grillée, pâtes au crabe, pluma et araignée de cochon marinées, gratin de légumes à la tomme, beau plateau de fromage et bien sûr, gros gâteau basque à la crème !

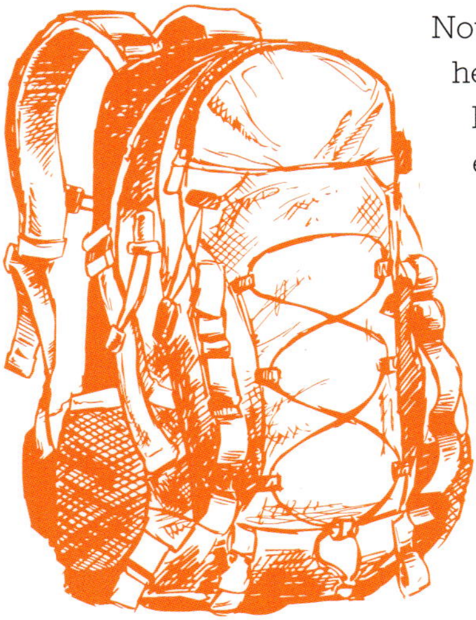

Notre ripaille-de-peu avalée, on repart. Et puis encore une heure, deux heures, cinq heures… de plus en plus beau bien sûr, mais la familiarité du paysage diminue au fur et à mesure que la mauvaise foi de mon père augmente. « Mais t'es sûr papa ? » « Mais oui chérie, fais-moi confiance un peu, c'est quand la dernière fois qu'on s'est perdus ? » « Oh bah de tête je dirais le mois dernier à VTT, sinon l'année dernière en canyoning, et puis y'a deux ans au ski, quand on est partis en hors-piste du hors-piste, ah et la même année, en rando à Majorque. » « C'est ce que je dis, jamais ! Allez, on est presque arrivés, fais pas ta foufette. »

Six heures plus tard, plus de bouffe, plus d'eau, plus de soleil et, clairement, plus de patience, je verse une larme et fais semblant de m'évanouir (meilleure astuce). Et là, comme quoi il faut le voir pour le croire, mon père marmonne un imperceptible « J'AI UN DOUTE ». Une rareté dans le vocabulaire (par ailleurs richissime) de Jean Marchal. On se met en recherche d'un petit village : rien à part des plaines et de l'herbe et des pottoks à l'horizon… On marche encore quelques kilomètres et on tombe sur une venta espagnole, sorte de grosse maison-restaurant. Je me souviens avoir bavé comme un escargot au salon de la salade, autant excitée à l'idée de boire un grand cidre, que de manger un sanglier, que de voir du monde, que d'être sauvée (toujours une touche de dramaturgie, c'est important). On s'installe et on commande des truites à la cheminée, une côte de bœuf, une plâtrée de frites, de la piperade, des litres et des litres de cidre basque, et une assiette de fromage. Je ne peux même pas décrire la joie que ce repas m'a procurée, à je ne sais quelle heure, je ne sais où et je ne sais comment. C'était prodigieux, et c'est dans ces moments-là que je suis heureuse d'avoir un père têtu et déraisonnable, tant la récompense est belle. Mais on s'éloigne du sujet…

Le pique-nique « au milieu de nulle part, mieux vaut trop que pas assez donc » idéal :

- Un beau **chou-fleur rôti**, avec un pot de tahini (pâte de sésame)
- Une grosse **salade en bocal** : épeautre, pois chiches, courge rôtie (par temps froid) ou tomates (par temps chaud), feta, herbes fraîches, graines de courge… et prévoir la vinaigrette à part, dans un mini pot à confiture par exemple
- Des petites **brioches fourrées** à la viande (ou aux légumes)
- Un bon poulet rôti froid et dépiauté, avec de la moutarde à l'ancienne
- Des crudités : carottes, radis, fenouil, céleri… selon la saison
- Un pot d'**anchoïade** ou de **houmous** ou de tapenade d'olives vertes et amandes
- Un bon morceau de fromage à pâte pressée cuite (beaufort, comté…). Avec la chaleur et le temps il va légèrement suinter dans le sac à dos et sera à son apogée de goût et de texture
- Du pain à la farine de châtaigne, au maïs, aux noix et au miel… dévalisez la boulangerie !
- Des **cookies** aux noix et au chocolat au lait
- Des fruits :
  - ☀ un melon
  - ❄ des clémentines
- Une gourde de citronnade
- Des bonnes gourdes d'eau fraîche !

❄ Temps froid ☀ Temps chaud

Deborah Pham

Celle qui pousse le pique-nique un cran au-dessus

Un rituel, un tronc d'arbre, une fois par an : des œufs du lard et des saucisses

Pour Deborah, et toute sa famille d'ailleurs, le pique-nique ne rime pas du tout avec randonnée. Il consiste juste, chaque 1er de l'an, à se rendre en forêt, en Alsace, pour festoyer, rire, boire et manger, toujours au même endroit, sur des troncs d'arbre. Sauf que pour Deborah, chaque année, c'est surtout une grosse galère, parce qu'elle, elle y va à pied… Mais je la laisse raconter, elle fait ça beaucoup trop bien : « En fait, chaque année je décide d'y aller à pied parce que c'est pas drôle en voiture, mais chaque année je me perds ! Une année ils m'ont même fait un plan de forêt, ce qui est complètement absurde, quand on y pense, personne ne retrouve son chemin grâce à un plan de forêt, c'est une FORÊT ! Bref, ce qui est moins drôle, c'est que c'est eux qui ont la bouffe, que la nuit tombe à 16 heures, qu'il fait -5 °C, que j'ai pas un pet' de réseau et que j'entends des gros bruits de corbeaux autour de moi.

Donc j'avance, je m'enfonce dans des lopins de terre tout mous et humides, je passe trois fois devant le même mirador, je traverse un ruisseau, dans un sens puis dans l'autre, c'est une véritable épopée, et finalement je les retrouve, j'arrive dégueulasse et paniquée, et là ma mère m'enveloppe dans une grosse couverture, me file une saucisse et un verre de rouge, et tout va mieux… À partir de là, c'est Byzance : des œufs au plat des poules du coin, du lard paysan, des bonnes saucisses, les restes de la veille, les gâteaux de la voisine, des belles bouteilles… Et clairement, le retour, en général, je le fais en voiture. D'ailleurs quand on se déplace on dirait une colonie de vacances, pleine de bouffe, de vin et de couvertures, mais qu'est-ce que je l'aime, cette tradition. » Ça, c'est pour le pique-nique annuel en famille. Le reste de l'année, son bonheur, c'est d'emporter avec elle des bonnes choses, de partir en rando et de trouver le meilleur spot possible pour manger, après la marche. Et d'ailleurs, l'itinéraire dépend surtout de l'approvisionnement du pique-nique : faire un saut dans le jardin pour les légumes, puis passer par tel village pour le fromage, puis par celui-là pour la terrine, tel autre pour le pain, et par ce chemin pour les myrtilles ou les framboises. Et quand c'est vraiment, vraiment beau, elle s'arrête et déballe tout. « On dit toujours que les randos c'est tellement beau qu'on pourrait manger n'importe quoi, on serait content, mais c'est quand même meilleur quand c'est bon ! »

La vérité, c'est qu'en prévision d'une randonnée, Deborah réfléchit plus au contenu du pique-nique, aux jolis torchons et aux petits accessoires… qu'à l'itinéraire ! « Le plus important pour moi, c'est évidemment que ce soit bon, mais c'est aussi que ce soit très joli, comme s'il fallait, par politesse, être à la hauteur de la beauté du paysage, et à ça, j'accorde beaucoup de temps, et d'importance. » Son meilleur pique-nique, façon grande dînette, était composé d'une épaule d'agneau très fondante, qu'elle a effilochée minute pour en mettre dans des pains plats arabes à la semoule, façon tacos, avec des piments et des oignons rouges. Il y avait aussi des jarrets de porc confits, des rouleaux de printemps et, bien sûr, du beurre au lait cru, des terrines, du fromage, des salades de carottes jaunes et orange et d'autres choses qu'elle a oubliées. Et là, tout de suite, elle pense déjà au prochain.

Pique-nique, sac à dos à vélo

Le pique-nique à vélo peut ressembler au pique-nique en rando, à un petit détail près : en vélo, on prend des bosses et on chute. Pas nécessairement, mais disons que c'est un facteur potentiel à prendre en compte. Pas la peine donc de prendre le risque d'emporter un joli mille-feuille de Saint-Jacques et de betterave, surtout si c'est pour se priver de sensations fortes, par précaution pour le casse-croûte. J'ai fait l'expérience d'emporter des œufs mollets, ma passion, et une galette des rois (parce que oui, les pique-niques, c'est toute l'année, pas juste l'été !), et disons qu'on était plus proches des « œufs et coquilles brouillés sur fond de sac trempé, potée de frangipane et émietté de pâte feuilletée caramélisée », que sur le projet initial d'éplucher un œuf et de tirer les rois. Je suis du genre à défendre l'argument du « C'EST LE JEU DU PIQUE-NIQUE, À LA FIN C'EST PAS TOUJOURS BEAU MAIS ÇA RESTE DÉLICIEUX », mais là… non. Échec.

Donc on embarque sur son dos des choses résistantes, conciliantes, effectives et durables. Genre far breton aux pruneaux.

Et au-delà du déballage ultime de toutes ces choses délicieuses, on pense aussi aux petites pauses, entre deux mollets qui pleurent, un front qui suinte et une gorge qui s'assèche comme le désert d'Atacama sous le soleil de midi pile. Et bien sûr on s'hydrate, on mange des bonnes figues séchées, des petits morceaux de mimolette extra-vieille, des barres énergétiques maison et des fabuleux crackers aux graines maison (recettes dans ce livre, oui oui !), des chips de socca…

Petite parenthèse sur les chips de socca, parce que dit comme ça, tombé comme un cheveu sur la soupe, sans présentation ni introduction, ça ne se fait pas. J'ai découvert ça à l'épicerie L'Idéal, à Marseille, il y a quelques années, et c'est probablement ma plus grosse addiction depuis. En gros, c'est des chips de pois chiches, huile d'olive et sel, et comme dirait Gérard,

SI LES HOSTIES AVAIENT CE GOÛT-LÀ, ON IRAIT COMMUNIER PLUS SOUVENT !

Mais on n'est pas v'nus là pour défriser le persil : TROIS CROCS, ET ÇA R'MET L'FACTEUR SUR L'VÉLO. Avec toujours cette joie si jouissive et si palpable, littéralement, du coup, de trimballer sur son dos son bonheur à croquer, quand bon nous semblera, où le vent nous mènera, là où le hasard s'assiéra, tout ça.

Et quand le moment arrive, parce que les cuisses brûlent, parce que le ventre gargouille, parce que la chaleur vous fait fondre comme un morceau de beaufort sur un caquelon à fondue… on s'arrête et on pique-nique. Dans mon cas, c'est surtout parce que le casque est trop serré, m'a fait transpirer des lobes, s'est emmêlé dans mes cheveux, et ne tient plus droit, ce qui me donne des allures de vieille et vulgaire fêtarde sur le retour, et que par amour pour la mode et l'élégance (tenue vache mise à part), c'est pour moi le moment de faire une pause et de remettre les choses dans le bon ordre. Alors on déballe tout, et on témoigne, béats, de l'état du casse-croûte, enfin de la popote, enfin de la mangeaille, enfin du pique-nique, en bon état relatif, et c'est ça qui est bon…

À TABLE !

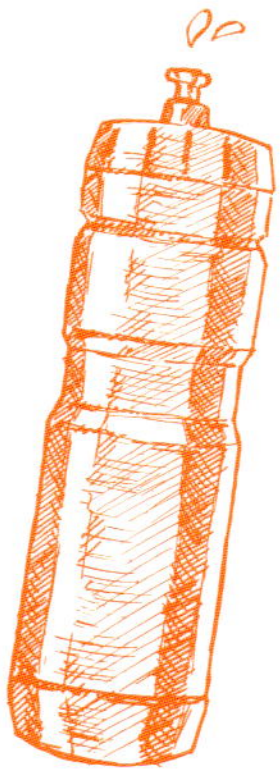

Alors idéalement :

- Une belle **brioche** à l'ail et au persil, avec un fromage de chèvre bien emballé
- Du **jambon** cru et cuit
- Des crudités de saison
- Des **khachapuri**, sortes de grosses crêpes à la feta, un délice
- Des **falafels**, avec un petit pot de houmous : incassable, et fabuleux froid !
- Un **clafoutis**, ou un far breton aux pruneaux, ces gâteaux qui ne risquent rien, surtout collés-serrés dans une boîte, bien vautrés dans leur posture de flan
- Des **barres énergétiques** maison : datte, chia, avoine, cacahuètes grillées
- Des fruits
- Des gourdes d'eau fraîche !

Pique-nique au ski,

cheveux au vent et fesses dans la neige

Aussi loin que je m'en souvienne, j'ai toujours pique-niqué au ski. C'est probablement l'une des premières choses que j'ai entendues (et retenues) de ma maman : « On va pas s'arrêter au restau d'altitude comme des grosses valises, à manger un sordide steak-frites-mayonnaise, alors qu'on pourrait se taper des bons œufs durs et un sandwich comté-roquette-bellota-beurre salé les fesses dans la neige ! » Bon, je n'ai plus la phrase exacte en tête, mais c'était à peu près ça. J'ai 3 ans, je tiens approximativement sur mes skis, et je viens de prendre ma première leçon de vie, que j'ai toujours appliquée, et encore aujourd'hui.

Alors pique-niquer sur les pistes, ça se décompose. D'abord, sur un télésiège, un œuf dur et une clémentine. Et puis, dans un œuf (une télécabine, si vous préférez), une gorgée d'eau et un morceau de beaufort. Plus tard, sur un tire-fesse, à une main donc, un croc dans la belle miche de pain, avec pour argument infaillible : « Mieux vaut le manger maintenant parce qu'avec le froid, après, il va se dessécher. » D'ailleurs, c'est complètement vrai, cette histoire de dessèchement. Je me souviens d'avoir fièrement et discrètement piqué des belles bretzels (c'est au féminin que les "vrais" Alsaciens parlent de leurs bretzels ; en vrai, on fait comme on veut !) fraîches, dodues et moelleuses au petit déjeuner en Autriche, en me disant : « OH ! LA JOIE QUAND JE VAIS LES MANGER DANS QUELQUES HEURES, FESSES DANS LA NEIGE ET FLOCONS DANS LES CHEVEUX... » Résultat : elles étaient toutes sèches. Bonnes hein, mais pâle version des originales. Je me suis même demandé si cette médiocrité de la bretzel à 2 300 mètres d'altitude n'était pas une punition déguisée pour les avoir volées (comment ça, une tendance à culpabiliser ?).

J'avoue, quand même, que par grand froid, à base de tempête, brouillard, neige qui brûle les joues tellement c'est froid et perte totale de sensibilité dans les doigts, je me suis moi-même attablée dans un restaurant d'altitude en Autriche, pour y dévorer gaiment des knödels (boulettes) au lard et au fromage, dans un délicieux bouillon, avec des spaetzles au beurre et un strudel aux pommes avec crème anglaise vanille… Intense moment de régalade. Mais là encore, je m'égare.

Donc idéalement, dans le sac à dos du skieur, par -5°C :

• Des œufs mi-durs mi-mollets (on se comprend)

• Un gros morceau de **beaufort**, ou de tomme aux fleurs, ou même un reblochon

• Une **brioche** (existe-t-il meilleur accord qu'un morceau de brioche au beurre avec un bon bout de fromage ? Je pose la question. D'autant que la brioche, si elle va légèrement se sécher sur les bords, est tellement riche en beurre, en œuf et parfois même en crème, qu'elle restera moelleuse à cœur, et ça, c'est déjà une bonne nouvelle)

• Une **terrine** de montagne, en bocal

• Un bon pain bien dense (pour éviter le fameux dessèchement des pains trop aériens), type seigle ou châtaigne

• Un gros **légume rôti** (courge, ou chou-fleur, ou céleri rave), dans une boîte ça ne risque rien

• Un bon cake au chocolat et à la poire, ou un carrot cake (ou tout gâteau qui vous plaît ! Faut quand même qu'il y en ait un qui s'émiette dans le sac, c'est la règle…)

• Une belle tablette de chocolat

• Des gourdes d'eau ! C'est pas parce qu'il fait -5 °C qu'on s'hydrate pas, bien au contraire

Pique-nique au bord de l'eau

La mer, une rivière, un lac...

Là, on est plutôt sur une balade, que sur une rando à pied, à VTT, ou à ski. L'idée, c'est de déjeuner au grand air, sans pour autant y passer la journée, ni s'essouffler comme jamais. Et la bonne nouvelle, c'est qu'on peut s'amuser, les facteurs « agitation du sac » ou « il faut que ça tienne pendant des heures » ou « il fait hyper chaud » ou « il fait hyper froid » étant écartés. On peut emporter des recettes en kit, à monter sur place, on peut emporter des choses un peu fragiles, à base de pâte feuilletée, on peut faire les fous et emporter des sushis, des rouleaux de printemps, des chaussons fourrés... Bref, on peut bien faire ce qu'on veut.

ON PEUT EMPORTER DES RECETTES EN KIT, À MONTER SUR PLACE.

Là, on la connaît, la destination. On l'a repéré, le spot magique, le bord de l'eau sublime, le petit coin de gros bonheur. On part, à pied ou en voiture, tranquilles, apaisés, presque galvanisés à l'idée d'aller boulotter. On n'a pas besoin de snacks à mi-chemin, on sait où on va, combien de temps ça va prendre, dans quel état sera le festin à l'arrivée… On est bien. J'ai une petite préférence pour le pique-nique en bordel, qui se mérite après des heures de galère, mais j'avoue que le pique-nique détente, « valise » comme dirait ma mère, avec pour seule mission de ne penser à rien, m'a enchantée à plusieurs reprises.

Et là, ce qui rend le moment génial, c'est de finir de « MONTER » SON PIQUE-NIQUE SUR PLACE. Par exemple : on emporte, séparément, un fond de tarte déjà cuit et malléable (type flatbread, recette dans ce livre, oui oui !) et on le garnit minute de tout ce qui nous plaît : fromage frais, légumes rôtis, noisettes torréfiées… Idem pour les sandwichs, qui ne seront que meilleurs faits au dernier moment : poulet jaune rôti, sauce au raifort, sucrine…

Ce qui donne :

- Une belle **tarte salée** montée minute au chèvre et aux asperges, ou au pesto et au chou-fleur, ou à tout ce qu'on veut, selon la saison
- Des sandwichs montés minute : baguette fraîche, poulet dépiauté, sauce au raifort, parmesan
- Des **rouleaux de printemps** tout légumes, avec sauce cacahuète, une bombe : carotte, concombre, chou rouge, menthe, mangue, et sauce soja-cacahuète-coco-sésame
- Des chips de légumes maison !
- Une belle salade veggie, sauce à part : pois chiches, épeautre, légumes rôtis, vinaigrette au piment, à l'ail et à l'huile d'olive
- Des **dattes** fourrées au stilton et sarrasin grillé
- Des **batbout** à l'œuf, sorte de pizza bien gonflée à la semoule avec œuf et avocat dessus
- Des **flapjacks** aux pommes en gros carrés, une merveille

Jean-Antoine Ottavi

Convivialité, échange, partage

Jean-Antoine a fait des pique-niques gastronomiques et clandestins son activité secondaire ! « On refait le monde, on se confie à l'autre en faisant bien souvent preuve de lâcher-prise sur soi-même, le temps d'un moment, et si l'on devait résumer ça en deux mots, ce serait la dolce vita. » Il recrée, de façon éphémère et évanescente, un véritable repas de rois, mais au milieu de nulle part : dans le maquis, en haut de la montagne, au bord de la mer, sous les arbres… et cuisine dans ces lieux magiques, le temps d'un extraordinaire gueuleton. Son rituel de pique-nique commence toujours par une table, dressée dans un coin perdu, car oui, les pique-niques de Jean-Antoine se font, certes, en pleine nature, mais toujours à table et avec vue !

UN VÉRITABLE REPAS DE ROIS, MAIS AU MILIEU DE NULLE PART

Jouer avec les éléments, le terroir, l'environnement

Il dresse cette table en se fondant totalement dans les éléments naturels qui l'entourent. « Sentir une brise marine, humer les odeurs des plantes, entendre le bruit des animaux autour de nous, toutes ces choses qui nous font davantage réaliser que l'acte de se nourrir ne se résume pas seulement à l'assiette, mais qu'il s'agit avant tout de prendre conscience du respect de l'environnement, et de profiter de ce moment avec éveil et respect. » Et ses pique-niques ne se refusent rien : il rêve un jour d'une table posée au fond de la pampa en Argentine ou au Chili, sur un plateau en plein cœur de la Mongolie, ou même sur le toit d'un gratte-ciel à Manhattan… tant qu'il y a une belle table, de jolies assiettes façonnées par le potier du coin, un repas uniquement réalisé avec les trésors des producteurs locaux, le terroir, l'environnement et son histoire. À travers ses tablées perdues, Jean-Antoine raconte la Corse, ses pêcheurs, ses cueilleurs, ses éleveurs, son patrimoine culinaire, son héritage, ses vignerons, ses salaisonniers, tout, et tout le monde !

PROFITER DE CE MOMENT AVEC CURIOSITÉ ET RESPECT.

Échange humain, acte nourricier, moment de communion

Le pique-nique qu'il fait le plus souvent, c'est au bord de l'étang d'Urbinu, un lieu où règne une énergie naturelle incroyable, une sorte de cocon où l'on se sent bien, instantanément, même lorsque le ciel est capricieux. Jean-Antoine se réjouit de faire découvrir ce lieu aux gens. Il veut y créer, le temps d'un déjeuner ou d'un dîner, un moment de bonheur, de partage, d'humain. Il se souvient d'un pique-nique particulièrement « transcendantal » comme il dit, il y a quelques années, pour son anniversaire, où ils ont mangé un porcelet cuit sous la terre, fait par ses amis, qui ont partagé leur culture, leur savoir-faire, à travers un langage universel : celui de la cuisine.

« Un pique-nique réussi, c'est celui qui t'a fait oublier le temps qui s'écoule, et dont tu repars avec un petit déchirement au cœur, tant tu aurais aimé qu'il dure à jamais. »

Jean-Antoine Ottavi

RECETTE CBL

Chou-fleur aux épices dukkah et sauce tahini

3-4 | 15 min | 1 h 20

Ingrédients

- 1 chou-fleur entier
- 3 gousses d'ail
- 1 petite poignée de persil
- 2 à 3 c. à s. d'huile d'olive ou de beurre
- 2 pincées de fleur de sel
- poivre du moulin

Mélange dukkah

- 200 g de noisettes émondées
- 100 g de graines de sésame
- 40 graines de coriandre
- 3 c. à s. de graines de cumin
- 2 c. à s. de graines de tournesol
- 1/2 c. à c. de grains de poivre noir
- 1 c. à c. de fleur de sel
- 2 c. à c. de paprika
- poivre moulu

Sauce tahini

- 3 c. à s. de tahini
- le jus d'un citron
- 3 à 4 c. à s. d'eau (selon la consistance désirée)
- 1 gousse d'ail
- sel, poivre du moulin

1. Préchauffez le four à 200 °C (th. 6-7). Coupez les plus grosses feuilles du chou-fleur, ainsi que la tige à sa base de manière à ce que le chou-fleur tienne droit. Lavez-le et séchez-le.

2. Hachez l'ail, ciselez le persil. Préparez le mélange dukkah. Placez le chou-fleur debout sur une plaque de cuisson recouverte de papier sulfurisé. Badigeonnez-le d'huile d'olive, salez et poivrez. Emmaillotez-le entièrement dans le papier cuisson ce qui l'empêchera de noircir à sa base. Enfournez-le environ 1 heure, jusqu'à ce qu'il soit tendre quand vous le piquez.

3. Quand vous le sortirez du four, faites attention à la vapeur qui pourrait vous brûler les doigts lorsque vous ouvrirez le papier. Dans un petit bol, mélangez 2 c. à s. d'huile d'olive avec l'ail et les épices dukkah, et versez ce mélange sur le chou-fleur. Enfournez encore 20 minutes, à découvert cette fois-ci.

4. Préparez la sauce tahini en mélangeant soigneusement tous les ingrédients.

5. Servez ce chou-fleur rôti avec la sauce tahini en accompagnement.

-Chicken -Bacon -Lettuce

RECETTE CBL

Salade en bocal

1 — 20 min — 30 min — 1 h 20 / 1 h 30

Ingrédients

- 50 g d'épeautre
- 150 g de légumes rôtis de saison
- 50 g de pois chiches en boîte
- 1/4 d'une botte d'herbes fraîches de saison
- 30 g de feta
- 20 g de graines de courge, amandes, noisettes, au choix
- le jus de 1/2 citron jaune
- huile d'olive
- paprika
- cassonade
- piment de Cayenne
- poudre d'oignon
- poudre d'ail
- sel, poivre du moulin

- Chicken
- Bacon
- Lettuce

1. Faites cuire l'épeautre dans une grande casserole d'eau bouillante une vingtaine de minutes. Égouttez-le.

2. Découpez les légumes en tronçons. Salez et poivrez. Arrosez-les d'un peu d'huile d'olive et enfournez-les une vingtaine de minutes à 180 °C (th. 6) le temps qu'ils soient fondants ; adaptez le temps de cuisson aux légumes choisis.

3. Lavez les herbes, égouttez-les, puis ciselez-les.

Pois chiches BBQ :

1. Préchauffez le four à 200 °C (th. 7).

2. Dans un bol, mélangez la cassonade, le paprika, la poudre d'oignon, la poudre d'ail, l'huile d'olive et, selon les goûts, le piment de Cayenne.

3. Rincez et asséchez les pois chiches sur du papier absorbant. Versez-les dans le bol des épices et remuez délicatement.

4. Étalez les pois chiches sur une plaque de cuisson tapissée de papier sulfurisé. Enfournez-les entre 55 et 65 minutes, en remuant délicatement toutes les 8 à 10 minutes jusqu'à ce qu'ils soient dorés et croustillants.

5. Retirez-les du four et laissez-les refroidir.

6. Torréfiez les graines 5 à 8 minutes au four à 180 °C (th. 6). Émiettez la feta.

7. Dans une belle assiette creuse, disposez l'épeautre et, dessus, les légumes rôtis, les pois chiches, les graines, les herbes fraîches et la feta émiettée. Assaisonnez avec l'huile d'olive, le jus de citron. Salez, poivrez.

8. Vous pouvez également présenter cette veggie bowl dans un bocal en verre en alternant des couches de chaque ingrédient utilisé.

RECETTE CBL

Crackers vegan

30 | 10 min | 10 min

Ingrédients

- 80 g d'amandes
- 80 g de noisettes
- 60 g de graines de courge
- 3 c. à s. de graines de chia
- sel

1. Mettez à tremper les graines de chia 20 minutes dans de l'eau froide. Puis égouttez-les.

2. Mixez ensemble les amandes, les noisettes et les graines de courge jusqu'à l'obtention d'une poudre.

3. Mélangez cette poudre aux graines de chia. Salez. Ajoutez un peu d'eau et façonnez une boule.

4. Étalez cette boule au rouleau sur une plaque de four recouverte d'un papier sulfurisé pour obtenir un rectangle de 2 mm d'épaisseur environ. Laissez cuire à 180 °C (th. 6) pendant une dizaine de minutes.

5. Laissez sécher et refroidir, puis coupez des crackers.

RECETTE CBL

Garlic bread

12 · 20 min · 1 h · 15/20 min

Ingrédients

Petits pains

- 400 g de farine
- 1 c. à s. de sucre
- 1 pincée de sel
- 1 sachet de levure boulangère
- 25 cl de lait
- 30 g de beurre mou

Garniture

- 60 g de beurre ramolli
- 8 gousses d'ail
- 2 c. à s. de persil frais
- sel

1. Dans un saladier, mélangez la farine, le sucre, la levure et le sel. Formez un puits et ajoutez le lait. Mélangez d'abord à la cuillère, puis pétrissez à la main pendant 5 à 10 minutes. Ajoutez le beurre coupé en dés et incorporez-le toujours en pétrissant. Laissez lever 1 heure près d'une source de chaleur.

2. Pelez et dégermez l'ail. Mixez les gousses finement avec le beurre pommade et le persil.

3. Dégazez la pâte, divisez-la en 12 boules égales au centre desquelles vous déposez la garniture aillée.

4. Disposez les boules sur une plaque recouverte de papier sulfurisé, espacées chacune d'un doigt.

5. Laissez gonfler une seconde fois.

6. Dorez la pâte au jaune d'œuf à l'aide d'un pinceau. Enfournez 15 à 20 minutes à 180 °C (th. 6).

Chicken Bacon Lettuce

RECETTE CBL

Khachapuri

4 · 30 min · 1 h 10 · 20 min

Ingrédients

- 500 g de farine
- 400 g de mozzarella ou de feta
- 4 œufs
- 150 ml de lait tiède
- 1 sachet de levure boulangère
- 3 c. à s. d'huile d'olive
- 1 c. à s. de sucre en poudre
- 1 c. à c. de sel

-Chicken -Bacon -Lettuce

1. Préchauffez le four à 200 °C (th. 6-7). Faites tiédir le lait dans une casserole. Dans un saladier, mélangez le lait tiède, le sucre et la levure. Laissez reposer 10 minutes. Ajoutez petit à petit la farine, l'huile et le sel. Pétrissez la préparation jusqu'à obtenir une pâte élastique sans être collante. Ajoutez de l'eau si nécessaire. Couvrez le saladier et laissez lever la pâte dans un endroit chaud pendant 1 heure (près d'un radiateur, d'un four…).

2. Une fois la pâte levée, pétrissez-la à nouveau. Séparez-la en 4 boules distinctes. Saupoudrez de farine votre plan de travail. À l'aide d'un rouleau à pâtisserie, étalez chaque boule de pâte en un cercle d'environ 5 mm d'épaisseur. Repliez les bords de chaque extrémité de façon à former une barque ovale, un khachapuri.

3. Coupez la mozzarella ou la feta en petits morceaux. Garnissez-en chacune des petites barques formées. Déposez-les sur une plaque de cuisson recouverte de papier sulfurisé. Enfournez pendant 10 minutes.

4. À la sortie du four, cassez un œuf sur chaque khachapuri. Enfournez à nouveau pour 5 minutes en surveillant la cuisson. Veillez à ce que le jaune d'œuf reste liquide. À l'aide d'une fourchette, percez le jaune de l'œuf et mélangez-le avec le fromage fondu. À déguster aussitôt.

RECETTE CBL

Falafels

20 pièces | 10 min | 15 min

Ingrédients

- 125 g de boulgour
- 125 g de pois chiches cuits
- 1 oignon
- 3 gousses d'ail
- 40 g de farine de blé
- 55 g de poudre d'amandes
- 8 g de coriandre en poudre
- 8 g de cumin en poudre
- 10 g de Maïzena
- 2 pincées de sel
- ½ botte de persil

1. Dans une casserole, mettez à bouillir de l'eau salée, le double du volume du boulgour. Jetez-y le boulgour en pluie et laissez-le absorber l'eau tout en remuant. Quand il est cuit, séparez les grains à la fourchette.

2. Épluchez l'ail et l'oignon, lavez le persil. Émincez l'oignon, pilez l'ail et concassez le persil. Égouttez les pois chiches.

3. Intégrez au boulgour les ingrédients précédents, ainsi que la poudre d'amandes, les poudres de coriandre et de cumin, et mixez le tout jusqu'à l'obtention d'une pâte homogène.

4. Formez des petites boules à la main. Si la pâte est trop collante, ajoutez un peu de farine.

5. Portez une huile neutre à 180 °C et faites frire les falafels jusqu'à ce que l'extérieur soit doré et même légèrement brun.

-Chicken
-Bacon
-Lettuce

RECETTE CBL

Dattes fourrées au Stilton

10 dattes · 20 min · 1 h · 5 min

Ingrédients

- 10 dattes
- 100 g de Stilton cheese

1. À l'aide d'un couteau bien aiguisé, fendez les dattes en deux dans le sens de la longueur, sans séparer les moitiés. Ôtez délicatement les noyaux.

2. Découpez le Stilton cheese en tout petits dés.

3. Farcissez les dattes avec de petites portions de Stilton cheese et refermez.

3. Vous pouvez parsemer les dattes de graines de sarrasin grillées.

- Chicken
- Bacon
- Lettuce

RECETTE CBL

Carrot cake

8-10 · 10 min · 45 min/1 h

Ingrédients

- 4 œufs
- 150 ml d'huile de tournesol
- 160 g de compote de pommes
- 160 g de cassonade
- 160 g de rapadura
- ½ gousse de vanille
- 300 g de farine T80
- 2 c. à c. de bicarbonate de soude
- 2 c. à c. de levure chimique
- 1 pincée de sel
- 3 c. à s. de mélange d'épices : cannelle, gingembre, muscade
- 125 g de noix de pécan concassées
- 200 g de carottes râpées

1. Dans un cul-de-poule, fouettez ensemble tous les ingrédients humides : œufs, compote de pommes, huile.

2. Dans un autre cul-de-poule, mélangez tous les ingrédients secs.

3. Intégrez le mélange sec au mélange humide. Ajoutez ensuite les noix de pécan et les carottes râpées. Versez le tout dans un grand moule à cake.

4. Enfournez à 180 °C (th. 6) entre 45 minutes et 1 heure. Laissez refroidir avant de démouler.

- Chicken
- Bacon
- Lettuce

RECETTE CBL

Energy barre

15 barres | 10 min | 12 min

Ingrédients

- 220 g de pâte de dattes
- 3 c. à s. de beurre de cacahuète
- 2 c. à s. de graines de chia
- 80 g de flocons d'avoine
- 2 c. à s. d'huile de coco
- 50 g de cacahuètes grillées salées

1. Mixez tous les éléments jusqu'à obtenir une pâte.

2. Étalez cette pâte sur le fond d'un moule rectangulaire préalablement recouvert d'un papier sulfurisé.

3. Mettez au frais pendant une nuit.

4. Découpez en 15 barres égales.

-Chicken -Bacon -Lettuce

-Chicken
-Bacon
-Lettuce
-Chicken
-Bacon

RECETTE CBL

Flapjack aux pommes

10 · 10 min · 18 min

Ingrédients

- 100 g de beurre
- 75 g de sucre
- 30 g de miel liquide
- 1/2 pomme
- 1/2 c. à c. de cannelle en poudre
- 250 g de flocons de céréales (avoine, quinoa…)

1. Coupez la demi-pomme en dés.

2. Faites fondre le beurre avec le sucre et le miel.

3. Hors du feu, ajoutez les dés de pomme, la cannelle et mélangez.

4. Ajoutez les flocons de céréales et mélangez.

5. Versez dans un moule rectangulaire de 23 cm, répartissez la préparation en appuyant bien pour que cela soit compact et lisse.

6. Enfournez 15 minutes à 180 °C (th. 6) jusqu'à ce que ce soit bien doré.

7. Laissez refroidir, puis démoulez et coupez le flapjack en carrés.

Chicken
Bacon
Lettuce

RECETTE CBL

Citronnade

1 L · 5 min · 30 min

Ingrédients

- 1 litre d'eau
- le jus de 2 citrons jaunes ou verts
- 10 g de gingembre
- sirop d'agave (facultatif)

1. Mixez le jus des citrons et le gingembre dans l'eau.

2. Ajoutez au besoin un peu de sirop d'agave pour sucrer.

3. Mettez à rafraîchir avant de servir.

3

Le pique-nique… un peu partout, dans la rue, dans l'jardin, au bureau !

Parce qu'on peut avoir envie de pique-niquer, sans contexte ni temps donné, et décider qu'on va quand même s'improviser une belle tablée, de belles et bonnes choses à grignoter.

Et puis quoi à la fin ? Les pique-niques, c'est où on veut : au bureau, dans la rue, dans le jardin...

C'est vrai qu'on a toujours en tête ce fantasme du pique-nique presque épiphanique, au milieu de nulle-part, en haut d'une colline, à rire à gorge déployée, face à une vue éblouissante, en mangeant des choses transcendantales... Ô comme je partage cet amour pour l'événement !... Mais parfois, dans l'ordinaire, l'accoutumé, le quotidien, le banal, l'insignifiant, il suffit d'un petit rien, pour rendre le tout très grand. Déjeuner par terre, dans l'herbe de son jardin, ou à même le sol dans son salon, plutôt qu'autour de la table, peut suffire à tout changer. Pas besoin de grand décorum, juste d'un peu d'imagination. Se préparer, le matin, un sandwich impeccable à boulotter dans la rue, entre deux rendez-vous, ou se procurer une de ces merveilleuses boîtes indiennes à 4 ou 6 niveaux et s'emporter, au bureau, un pique-nique qui vous fera vous demander, demi-heure après demi-heure : c'est quand l'heure de déjeuner ? Ou décider, au moment même où on vient de finir de préparer un gueuleton, de tout chambouler pour se mettre en tailleur, n'importe où par terre, et vivre, sans effort, quelque chose d'unique... Le pique-nique est partout mais, surtout, il est là où on le veut.

Maison

Pet
de
Nonne

Le pique-nique… à toute heure

C'est drôle comme, là encore, le pique-nique est toujours associé au déjeuner, alors qu'il est tellement plaisant au petit déjeuner, au goûter ou même à l'apéro, ou au dîner… Partir de bonne heure avec une brioche et de la confiture pour démarrer la journée dans les plus belles conditions du monde, ou s'arrêter pour le goûter, où bon nous semble, avec de la citronnade, des cakes et des cookies… Et en fin d'après-midi, partir avec un baluchon rempli de délices préambulaires, aussi connus sous le nom d'apéro, pour regarder le coucher du soleil, avec une bouteille de bulles, des petits pains à l'ail, quelques crackers au houmous et un beau saucisson… Ou même, à la nuit tombée, décider de dîner dehors avec des plaids et des intentions d'être heureux, entourés de belles salades, tartes salées, légumes rôtis, rouleaux de printemps, beaux pains, fromages, fruits et gâteaux… Là encore, pas d'heure, pas de saison, pas d'endroit, juste une envie, celle d'être bien, ensemble. C'est tout.

Céline Maguet

Journaliste dans le vin et la gastronomie, mais aussi fondatrice de l'agence Soif et surtout, grande prêtresse du pain au levain, Céline est avant toutes choses... une grande viveuse, et une grande pique-niqueuse, partout, et tout le temps.

« J'ai toujours sur moi un couteau et une bouteille d'huile d'olive. »

Pour Céline, le pique-nique n'est ni synonyme de rando, ni de sac à dos, ni d'inconnu, il est tout simplement un repas, mais en dehors de la maison. Par exemple, en vacances, quand elle va au marché, elle a toujours un couteau sur elle, et se fait des pique-niques totalement improvisés. À Paris où elle vit, elle cuisine comme si elle allait recevoir chez elle, puis elle emporte tout dans le cadre magique du parc des Buttes-Chaumont et elle étale, sur un plaid dans l'herbe, des carpaccios de chou-rave avec huile d'olive et citron, un poulet rôti, une belle tarte tatin, exactement ce qu'elle aurait fait pour un repas chez elle, mais dans d'autres contenants.

« Mes pique-niques, je sais où je vais les manger, c'est pas l'aventure au sens propre, c'est juste un super déjeuner, mais ailleurs. »

Que ce soit dans les Calanques, dans l'avion ou sur une aire d'autoroute, Céline a une priorité : bien manger. Hors de question d'avaler quoi que ce soit qui vienne de la supérette de l'autoroute, donc en tournée pour rendre visite aux vignerons, elle prévoit un casse-croûte digne de ce nom, dans ses contenants idéaux qu'elle accumule au fil du temps : les boîtes à repas indien à 4 ou 6 étages, les bocaux, les pots à confitures… « Les contenants, c'est hyper important, ça permet de faire des vrais repas, sans se restreindre, sinon on est obligé de se limiter au sandwich, et c'est délicieux, un bon poulet-mayo, mais je veux pouvoir tout manger en pique-nique. » En partant à Copenhague, sur un vol Easy Jet, Céline sort de son sac, victorieuse, des salades préparées le matin même, pleines de bonnes choses mais surtout de betterave. Le jus avait coulé partout, son sac était tout rose, la boîte en papier kraft qui paraissait une excellente idée quelques heures auparavant avait bien moins fière allure… D'où l'importance, encore et toujours, du contenant !

La simplicité fait le bonheur, et parfois le cocasse fait les meilleurs souvenirs !

Bien sûr qu'elle a des souvenirs merveilleux, en amoureux, à Banynuls, sur la plage, avec des bonnes tomates, quelques pêches bien juteuses et, entre deux baignades, un morceau de pain et des bons fromages. Mais son souvenir le plus drôle, et le plus mémorable, c'est à Barcelone où, n'assumant pas de manger des carabineros crues, tout juste achetées au petit marché de Sitges tout droit sorti des années quatre-vingt, elle s'est retrouvée à les manger planquée à côté d'une poubelle, sur la balade menant à la plage. Et bien sûr, pendant les vendanges, après des heures et des heures de travail, l'heure du pique-nique, avec bonnes bouteilles et meilleures ripailles, est quand même de celles qui, tellement méritées, sont inoubliables.

Guillaume Muller

Sommelier 3 étoiles et propriétaire de Garance, restaurant gastronomique dans le 7e arrondissement à Paris, Guillaume est surtout un enfant de la campagne, qui s'échappe chaque semaine dans le Limousin, à la ferme, pour bon-vivre et bien-manger.

La ferme de Garance, l'ultime lieu du pique-nique minute, réalisé avec tout ce qui pousse, grandit et butine sur place

Guillaume Muller approvisionne son restaurant avec les délices que sa ferme du Limousin lui offre, chaque semaine, qui va des fruits aux légumes en passant par les herbes, le bœuf, le miel... Il y passe, évidemment, un temps fou, et à chaque fois qu'il y est, il compose, à l'instant T, avec ce qu'il a sur place. Cela donne des tablées d'une richesse folle, entre le pique-nique et le déjeuner debout, avec des épis de maïs grillés et beurrés, des tartes à la tomate, des courgettes farcies au cochon de lait, du pain et des brioches de la boulangerie ambulante, des côtes de bœuf, et pour le dessert il n'y a plus qu'à se balader entre les arbres fruitiers : figues, mirabelles, quetsches, fraises... La vie est douce, l'heure n'importe plus, le moment coule et, surtout,

QU'EST-CE QUE C'EST BON !

Est-ce vraiment un pique-nique et est-ce que c'est important, finalement ?

Parfois il fait tout dehors, du cochon à la broche à la cuisson du bœuf en passant par les légumes grillés sur un barbecue improvisé, des salades dressées avant même d'être cueillies. S'il a pris un peu d'avance, dans sa belle cuisine, c'est pour quelques tartes salées, un praliné de pistaches, un poulet rôti... Et chacun vit sa vie, va chercher un œuf dur, une tartine de terrine et quelques cornichons sous les arbres, sur un petit buffet qui vous ferait jurer qu'il a toujours été là tant le décor ne s'imaginerait pas sans lui. Ensuite on s'assoit sous les arbres et Guillaume passe avec des petits farcis ou quelques asperges, un vin pétillant, et le moment dure... On ne se demande même plus si c'est un pique-nique ou pas, n'empêche qu'on est bien, et que c'est tout ce qui compte !

RECETTE CBL

Flatbread
(à décliner selon vos envies)

6 · 20 min · 45 min (pâte) · 15 min

Ingrédients

- 350 g de farine
- 2 pincées de sel
- 1 c. à s. d'huile d'olive
- 250 ml d'eau tiède
- 10 g de levure sèche en bille
- 1 poignée de graines de sésame

1. Dans un cul-de-poule, mélangez la farine, le sel et l'huile d'olive.

2. Délayez la levure dans un bol d'eau tiède.

3. Ajoutez ce mélange au fur et à mesure dans le cul-de-poule tout en pétrissant la pâte. Elle est très collante, c'est normal.

4. Laissez lever la pâte pendant 45 minutes minimum, de préférence près d'une source de chaleur (four, radiateur...).

5. Quand la pâte est bien montée, étalez-la sur un papier cuisson fariné.

6. Garnissez la pâte avec ce qui vous fait envie.

Exemple : Sur la pâte, étalez du fromage de chèvre frais. Dans une poêle, faites revenir des asperges vertes. Alignez les asperges sur la tarte. Enfournez à 180 °C (th. 6) pendant une quinzaine de minutes. À la sortie du four, ajoutez quelques copeaux de parmesan et des herbes fraîches.

Batbout

4 | 20 min | 1 h | 5 min

Ingrédients

- 200 g de farine
- 50 g de semoule fine
- 8 g de levure boulangère fraîche
- 15 cl d'eau tiède
- sel

1. Diluez la levure dans 1 c. à s. d'eau tiède prélevée dans les 15 cl d'eau.

2. Versez la farine et la semoule dans un saladier, creusez une fontaine dans laquelle vous intégrerez la levure déjà prête et le reste d'eau.

3. Mélangez à la main et dès que la levure est incorporée à la farine, ajoutez le sel et pétrissez la pâte pendant 10 bonnes minutes.

4. La pâte ne doit être ni collante ni dure ; si elle est dure, n'hésitez pas à ajouter un peu d'eau tiède.

5. Une fois la pâte formée, vous pouvez façonner 4 petites boules ou 2 plus grosses selon vos besoins.

6. Déposez les boules sur une plaque de cuisson recouverte de papier sulfurisé sur lequel vous aurez parsemé un peu de semoule pour que la pâte ne colle pas à la plaque.

7. Aplatissez les boules avec la paume de la main jusqu'à former un rond d'environ 1 cm d'épaisseur.

8. Une fois vos petits pains aplatis, parsemez-les de semoule, recouvrez-les d'un linge et laissez-les lever une bonne heure.

9. Quand ils sont levés, faites chauffer une poêle à fond épais ou une poêle antiadhésive. Si vous craignez que vos pains collent à la poêle, ajoutez un peu d'huile ou de beurre. Lorsque la poêle est bien chaude, déposez les pains et laissez-les cuire jusqu'à ce qu'ils soient dorés, environ 5 minutes de chaque côté.

10. Vous pouvez les garnir ensuite de egg salad (voir page 116).

RECETTE CBL

Egg salad

4 · 18 min · 12 min

Ingrédients

- 4 œufs
- 1 botte de mâche
- 4 petits oignons nouveaux
- 1 citron confit
- 1 avocat
- mayonnaise
- moutarde
- sel, poivre du moulin
- paprika fumé en poudre

Mayonnaise

- 1 jaune d'œuf
- 1 c. à s. de moutarde forte
- 1 filet de vinaigre
- 10 cl d'huile d'olive
- sel, poivre

1. Faites durcir vos œufs, puis écalez-les et concassez-les grossièrement.

2. Préparez une mayonnaise maison (toujours mieux) en n'oubliant pas de sortir les ingrédients pour qu'ils soient à température ambiante. Mélangez le jaune d'œuf, la moutarde, le vinaigre. Salez, poivrez. Fouettez le mélange en versant lentement l'huile d'olive jusqu'à ce que la mayonnaise soit ferme.

3. Mais vous pouvez aussi remplacer la mayonnaise par du cream cheese (Philadelphia).

4. Émincez les oignons jusqu'au bout de la tige.

5. Incorporez votre mayonnaise (ou le cream cheese) aux œufs concassés, ajoutez le citron confit coupé en petits dés et les oignons émincés. Salez et poivrez. Saupoudrez de paprika, à votre goût.

6. Lavez et préparez votre salade de mâche. Une astuce, pour être certain qu'aucun grain de sable ne restera coincé dans les bouquets de mâche, laissez-les tremper dans une eau chaude 5 minutes, puis dans une eau bien fraîche pour les raffermir, et égouttez-les.

7. Coupez l'avocat en fines lamelles.

8. Garnissez des sandwichs coupés dans les batbouts avec des bouquets de mâche, des lamelles d'avocat et la préparation aux œufs.

Chips de légumes

1 bol · 10 min · 12/15 min

Ingrédients

- 300 g de légumes racines ou de chou (mieux encore des épluchures, de légumes, bio bien sûr, car c'est écoresponsable)
- huile de tournesol
- herbes ou épices (au choix et facultatif)
- 1 pincée de fleur de sel

1. Pelez et coupez les légumes en tranches fines, de préférence à la mandoline.

2. Étalez-les sur une plaque recouverte de papier sulfurisé ou sur une plaque en silicone.

3. Badigeonnez d'huile les tranches de légumes à l'aide d'un pinceau. Saupoudrez-les d'herbes ou d'épices à votre goût (facultatif).

4. Préchauffez votre four à 180 °C (th. 6) et enfournez vos chips pendant 12 à 15 minutes.

5. À la sortie du four, laissez-les sécher.

6. Dès que les tranches sont sèches, dégustez-les après les avoir très légèrement salées.

RECETTE CBL

Rouleaux de printemps sauce cacahuète

10 | 30 min | 5 min

Ingrédients

- 10 feuilles de riz
- ¼ de chou rouge
- 5 carottes
- 1 concombre
- 1 botte de menthe piquante
- 1 mangue

Sauce cacahuète

- 100 g de cacahuètes
- 2 c. à s. de lait de coco
- 1 c. à s. de soja
- 1 c. à c. d'huile de sésame

1. Râpez les carottes et le chou rouge, coupez le concombre et la mangue en julienne.

2. Lavez la menthe, égouttez-la et détachez-en les feuilles. Préparez la sauce cacahuète en mixant les ingrédients jusqu'à obtenir une consistance de sauce crémeuse.

3. Faites chauffer de l'eau dans une casserole. Versez-la dans un saladier.

4. Plongez chaque feuille de riz dans l'eau chaude, puis étalez-les sur un plan de travail bien sec.

5. Déposez les légumes dans la largeur de la feuille en veillant à laisser un espace à chaque extrémité de la feuille.

6. Roulez bien serré la feuille de riz et repliez les extrémités pour refermer le rouleau.

7. Servez les rouleaux avec les feuilles de menthe et la sauce cacahuète.

- Chicken - Bacon - Lettuce

Jalebis

20 — 10 min — 24 h — 10 min

Ingrédients

- 150 g de farine de blé
- 25 g de farine de riz
- 1 yaourt
- 25 cl d'eau
- 250 g de sucre en poudre
- 1 pincée de safran (ou colorant)
- 1 c. à s. d'eau de rose
- 50 cl d'huile pour friture (tournesol, colza...)

Chicken Bacon Lettuce

1. Dans un saladier, mélangez les deux farines, ajoutez le yaourt, la moitié du safran (ou le colorant) et l'eau jusqu'à obtenir une sorte de pâte à crêpe assez épaisse. Laissez reposer 24 heures.

2. Préparez une poche à douille que vous remplirez avec la pâte.

3. Dans un wok ou une sauteuse, mettez l'huile à chauffer. Pressez votre poche à douille au-dessus du récipient et faites tomber des spirales de pâte : ce sont vos jalebis que vous ferez frire 1 à 2 minutes chacun. Déposez-les ensuite sur du papier absorbant.

4. Préparez dans une petite casserole un sirop plus ou moins épais avec le sucre et l'eau, dans lequel vous ajouterez le reste du safran (ou du colorant) et l'eau de rose.

5. Plongez les jalebis dans le sirop en les retournant délicatement pour qu'ils soient bien recouverts de sirop.

6. Dégustez. Les jalebis sont meilleurs une fois qu'ils ont un peu séché.

RECETTE CBL

Cookies

20 · 15 min · 12 min

Ingrédients

- 150 g de sucre roux
- 200 g de farine
- 1 c. à c. de levure chimique
- 1 belle pincée de fleur de sel
- 100 g de beurre
- 100 g de fruits secs au choix : noix, noisette, noix de pécan et de macadamia, cacahuètes
- 150 g de chocolat noir ou au lait ou blanc
- 1 œuf

1. Faites fondre le beurre et mélangez-le au sucre roux dans le robot pâtissier.

2. Incorporez l'œuf, puis la farine, la levure, le sel, le chocolat et les fruits secs. Mélangez le tout.

3. Sur une plaque recouverte de papier sulfurisé, faites des boules de 3 cm de diamètre bien espacées les unes des autres pour éviter que les cookies ne se collent entre eux à la cuisson. Vous pouvez réaliser aussi un seul grand cookie.

4. Enfournez pendant 12 minutes à 170 °C (th. 5-6).

TOMATES
CERISES
15 €/K

Table des recettes

Remerciements

Merci à mes parents, qui m'ont appris que le plus grand bonheur, dans la vie, c'est de pique-niquer en haut de la montagne, au milieu des pottoks, après des heures de rando, suants et crevés, mais TELLEMENT heureux d'être là. Je vous aime encore plus que ça.

Merci à Clément et Marie, d'avoir eu l'idée de ce livre, que je n'aurais pas eue toute seule, alors que je l'avais sous le nez, depuis toutes ces années.

Merci à Julio, Tom, Dod, Nounette, Cam, Ju, Momo, Kirst, Rach, Mina, Fanny, Yo, Palo, Guigui, Larri, Dany… je vous aime.

MERCI à Claire et Marie, de Chicken Bacon Lettuce, pour votre générosité. Merci pour vos recettes, votre énergie, votre enthousiasme à toute épreuve. Merci.

Merci à Céline, Fleur, Jill, Jean-Antoine, Manu, Debbie, Guillaume d'avoir bien voulu partager avec moi un petit peu de vous, de vos joies et de vos régalades.

Merci à Émilie pour les photos sublimes.

Merci à Papé et Mamé, merci à Papido et Mamido.

Merci, encore et toujours, à Julie et Muriel, à Flavie, à Nicolas, à Romain, à Hélène, pour le tremplin, je n'oublierai jamais.

Merci mon Alessandra.

Et merci mon amour, de m'accompagner dans toutes mes épopées, et surtout, d'être devenu encore plus relou que moi sur ce qui est bon, et ce qui ne l'est pas.

Je vous aime,

N'oubliez pas d'être beaucoup trop heureux,

Raphou

Crédits

Toutes les recettes de ce livre sont signées Chicken Bacon Lettuce.

Photographies des recettes (p. 10, 12, 37, 39, 41, 43, 45, 47, 77, 79, 81, 83, 85, 87, 89, 91, 93, 95, 97, 113, 115, 119, 121, 123) : © Émilie Franzo

p. 9 : © Laurence Revol
p. 24-25 : © Jill Cousin – p. 24 (portrait de Jill Cousin) : © David Japy
p. 35 : © Fleur Godart – p. 35 (portrait de Fleur Godart) : © Alvin Godart
p. 56-59 : © Deborah Pham
p. 72-75 : © Jean-Antoine Ottavi
p. 104-107 : © Céline Maguet – p. 104 (portrait de Céline Maguet) : © Arthuro Peduzzi
p. 107 (portrait de Céline Maguet) : © Anne-Claire Héraud
p. 108-111 : © Guillaume Muller – p. 108 (portrait de Guillaume Muller) : © Yann Deret

Les autres photographies illustrant ce livre sont de Raphaële Marchal.

Direction éditoriale : Clément Lafon et Marie Dreyfuss
Conception graphique, réalisation et illustrations : Émilien Castaing
Relecture et correction : Chantal Nicolas
Fabrication : Christian Toanen et Nikola Savic

Photogravure : Les Caméléons

Achevé d'imprimer en Espagne

Dépôt légal : mai 2020
ISBN 13 : 978-2-7499-4371-8
LAF 2940